Matthias Fiedler

혁신적인 부동산 매칭에 대한 고찰: 간편해진 부동산 중개

부동산 매칭: 혁신적인 부동산 매칭 포털을 이용한 효율적이며 쉽고 전문적인 부동산 중개

간기

1.인쇄판 도서 발행 | 2017 년 2 월
(독일 초판 발행 2016 년 12 월)

Matthias Fiedler
Erika-von-Brockdorff-Str. 19
41352 Korschenbroich
독일
www.matthiasfiedler.net

생산 및 인쇄:
마지막 페이지에 삽입된 인쇄 내용을 참조하십시오

표지 제작: Matthias Fiedler
전자책 발행: Matthias Fiedler

ISBN-13 (종이책): 978-3-947082-03-2
ISBN-13 (전자책 mobi): 978-3-947082-04-9
ISBN-13 (전자책 epub): 978-3-947082-05-6

독일 국립도서관의 서지 정보:
독일 국립도서관은 본 출판물을 독일 국립 서지 정보에
기록하고 있습니다. 상세한 서지 정보는 다음 링크에서
찾아볼 수 있습니다. http://dnb.d-nb.de

개요

본 도서에서는 수조원의 잠재력을 가진 부동산 평가 기능을 통합한 부동산 브로커 소프트웨어인 세계적인 부동산 매칭 포털(앱 - 애플리케이션)의 혁명적인 컨셉트에 관하여, 수십억 유로에 달하는 잠재적인 이익에 대한 계산과 함께 설명하고 있습니다. 따라서, 사용중이거나 임대중인 주거용 및 상업용 부동산을 효율적으로 시간을 절약하며 중개할 수 있습니다. 이는 모든 혁신적이며 전문적인 부동산 업체와 재산 소유인의 미래에 관한 것입니다. 이 부동산 매칭은 거의 모든 국가에서 통용되며, 심지어 국제적으로도 통용됩니다.

부동산 매칭 포털은 매매인이나 세입자에게 매물을 "가져오는" 대신 부동산 매물에 검색 프로필로 자격을 부여하고, 중개업자의 부동산 매물을 매치시키고 연결시켜 줍니다.

목차

머리말

2011 년에 본인은 고찰을 통해 혁신적인 부동산 매칭에 대한 개념을 발전시켰습니다.

저는 1998 년부터 부동산 중개, 매입 및 매각, 평가, 임대 및 개발 영역을 포함한 부동산 부문에서 활동해 왔습니다. 저는 부동산 전문가(IHK)이자 부동산 경제학자(ADI)이며, 부동산 감정사(DEKRA)이면서 국제적으로 인정받는 영국 공인 감정사 왕립 연구소(MRICS)의 회원입니다.

Matthias Fiedler

2016 년 10 월 31 일 Korschenbroich

www.matthiasfiedler.net

1. 혁신적인 부동산 매칭에 대한 고찰: 간편해진 부동산 중개

부동산 매칭: 혁신적인 부동산 매칭 포털을 이용한 효율적이며 쉽고 전문적인 부동산 중개

부동산 매칭 포털은 매매인이나 세입자에게 매물을 "가져오는" 대신 부동산 매물에 검색 프로필로 자격을 부여하고 중개업자의 부동산 매물을 매치하고 연결시킵니다.

2. 부동산 관계자와 공급자의 목표

부동산 매도인과 세입자의 관점을 파악하는 것이 빠르게 부동산을 매매하고 임대하는 데 있어 중요합니다.

매매 및 임대 관계자의 관점을 파악하는 것이 이들이 원하는 매물을 빠르고 문제없이 매매하고 임대하는 데 있어 중요합니다.

3. 부동산 검색에 있어서의 기존 전략

일반적으로 목표로 삼는 지역의 잠재적 투자자들은 인터넷상의 부동산 포털을 통해 관심있는 부동산을 확인합니다. 여기서 짧은 검색 프로필을 생성하여 부동산에 대한 링크나 각 매물에 대한 링크가 포함된 목록을 이메일로 받을 수 있습니다. 이는 종종 둘에서 셋 정도 부동산 포털을 조사해 이루어집니다. 그 후 매도인이 주로 이메일을 통해 연락합니다. 이를 통해 매도인과 연락할 수 있는 가능성과 허가를 제공합니다.

이에 더해 관계 당사자들은 원하는 지역의 부동산 중개업자의 연락을 받고 검색 프로필이 저장됩니다.

매도인은 부동산 포털을 통해 개인 또는 상업 매도인으로 분류됩니다. 상업 매도인은 대체적으로 부동산 브로커와 부분적으로 건설회사, 부동산 거래인 및 기타 부동산 회사입니다. 텍스트에서 상업 매도인은 부동산 브로커로 불립니다.

4. 개인 매도인의 단점 / 부동산 중개업자의 장점

부동산을 매입하는 경우, 예를 들어 개인 매도인은 유산 상속받은 부동산은 상속자나 상속 문서에 합의가 없기 때문에 항상 바로 보증받을 수는 없습니다. 더 나아가 거주할 권리와 같은 사전에 설명되지 않은 법적 문제가 매도를 더욱 어렵게 할 수 있습니다.

임대중인 부동산은, 개인 임차인이 아파트 임대와 같은 상업용 부동산을 임대하기 위한 공인 인증을 받지 않았을 수도 있습니다.

부동산 중개업자가 매도인으로 활동할 때, 일반적으로 위에 언급한 문제를 명확하게 합니다. 이에 더해 평면도, 단지 계획, 에너지 효율 인증,

토지 등기, 공증 문서 등 모든 부동산 관련 문서도 발행할 수 있습니다. 따라서 매각 및 임대를 문제 없이 빠르게 진행할 수 있습니다.

5. 부동산 매칭

관계자와 매도인 또는 임차인의 매칭이 빠르게 이루어지기 위해서는, 체계적이며 전문적인 접근을 제공하는 것이 중요합니다.

이는 여러 접근 방법을 사용하거나 검색 및 여러 부동산 중개업자와 관계자를 찾음으로써 해결할 수 있습니다. 이는 매매인이나 세입자에게 매물을 "가져오는" 대신 부동산 매칭 포털(앱 또는 애플리케이션)에서 부동산 매물에 검색 프로필로 자격을 부여하고, 중개업자의 부동산 매물을 매치하고 연결시키는 것입니다.

첫 단계로, 잠재적 매매자는 부동산 매칭 포털에 정확한 검색 프로필을 생성합니다. 이 검색 프로필은 약 20 가지의 특성을 가지고 있습니다.

완벽하다고는 할 수 없는 다음 특성이 검색 프로필의 핵심입니다.

- 지역/ 우편번호/ 도시

- 건물 유형

- 건물 크기

- 거주 지역

- 매매가/임대가

- 설립연도

- 층

- 방 번호

- 임대 (네 / 아니오)

- 지하실 (네 / 아니오)

- 발코니/ 테라스 (네 / 아니오)

- 난방 유형

-   주차 공간 (네 / 아니오)

이 특성을 아무렇게나 기입하지 않으며 각 특성 영역을 열고 클릭하여 기입하는 것이 중요합니다. 예를 들어 건물 유형에서: 방, 가족을 위한 주택, 저장고, 사무실 등 주어진 목록에서 선택합니다.

선택적으로 추가 검색 프로필을 생성할 수 있습니다. 검색 프로필을 변경할 수도 있습니다.

추가로 관계자들은 정확한 연락처를 기입할 수 있습니다. 이는 성, 이름, 거리, 집 번호, 우편번호, 도시, 전화번호와 이메일을 말합니다.

이 과정에서 관계자들은 부동산 중개업자의 페이지에서 적절한 부동산에 대한 정보를 받거나 보내는 데 동의합니다.

추가로 관계자들은 부동산 매칭 포털을 통해 운영자와 계약서를 작성합니다.

다음 단계는 검색 프로필이 독일의 오퍼님모(openimmo)와 같은 프로그래밍 인터페이스와 비교되는 프로그래밍 인터페이스(API, 애플리케이션 프로그래밍 인터페이스)로 부동산 중개업자들이 접근할 수 있게 되지만 아직 가시화되어 있지는 않습니다. 이 프로그래밍 인터페이스가 도입에 있어 핵심이 되며 사용중인 거의 모든 부동산 중개 소프트웨어를 지원하고 전송을 보장하는 것이 중요합니다. 그렇지 않은 경우 기술적으로 가능합니다. 이미 앞서 언급한 "오퍼니모" 및 사용중인 동종의 프로그래밍 인터페이스가 존재하므로, 검색 프로필 전송이 가능합니다.

이제 부동산 중개업자들이 부동산을 검색 프로필과 비교합니다. 이로 인해 각 특성은 부동산이 부동산 매칭 포털에서 매칭되고 연결되는 데 있어 중요합니다.

매칭이 이루어진 후, 주어진 값과의 일치도가 퍼센트로 표시됩니다. 예를 들면, 50% 이상 일치하는 검색 프로필이 부동산 매칭 소프트웨어에 표시됩니다.

각 특성에 따라 점수 시스템으로 함께 계산하여 특성을 비교한 후, 매칭 퍼센트 (매칭 가능성)이 제공됩니다. 예를 들어, "건물 유형"은 "주거

면적"보다 높은 점수를 받습니다. 추가로 예를 들면, 저장고와 같은 해당 부동산이 갖추어야 하는 특성을 설정할 수 있습니다.

특성을 매칭하는 과정에서 원하는 지역의 부동산 중개업자들과 연결되도록 주의를 기울여야 합니다. 이는 데이터 매칭에 기울여야 하는 노력을 줄여줍니다. 특히 각 부동산 중개업자들은 매우 지역적으로 활동하기 때문에 그렇습니다. 오늘날 소위 "클라우드(cloud)"를 통해 많은 양의 데이터를 저장하고 처리할 수 있다는 점에 주목해야 합니다.

전문적인 부동산 거래를 보증하기 위해 오직 실제 부동산 중개업자만이 검색 프로필에 접근할 수 있도록 제한됩니다.

그리고, 관계자들은 부동산 매칭 포털을 통해 운영자와 계약서를 작성합니다.

각 비교/ 매칭을 통해 부동산 중개업자는 잠재적인 구매자와 그 반대에 있는 잠재적인 투자자인 부동산 중개업자에게 연락할 수 있습니다. 이는 또한 실제 부동산 중개업자가 잠재적인 구매자에게 제안서를 보내면, 이것이 매각 또는 임대가 성립된 경우 부동산 중개업자의 기록에 중개 수수료를 위한 활동 기록으로 남는다는 것을 의미합니다.

이는 부동산 중개업자가 매도인, 또는 임차인과 같은 소유자의 매물을 처리하거나 제시함을 통해 수수료를 부과한다는 것을 가정하고 있습니다.

6. 적용 영역

여기에 기술된 부동산 매칭은 거주 및 상업용 부동산의 거래 및 임차에도 적용할 수 있습니다. 상업용 부동산에 대해 추가 특성을 입력해야 합니다.

잠재적인 구매자는 실제로 고객의 대리인으로 활동하는 부동산 중개업자일 수 있습니다.

접근 공간에 있어서, 부동산 매칭 포털은 거의 모든 국가에서 사용할 수 있습니다.

7. 장점

이 매물 매칭 제안은 잠재적인 거래자들에게 거주 지역의 매물을 확인하거나 직장을 다른 도시나 지역으로 옮길 때 큰 편의를 제공합니다. 단 한 번의 검색 프로필 제공으로 원하는 지역의 부동산 중개업자들에게서 적합한 매물에 정보를 받으실 수 있습니다.

부동산 중개업자에게도 매도 및 임차를 효율적으로 진행하고 시간을 절약하는 큰 잇점을 제공합니다.

사용자는 중개업자로부터 해당되는 매물의 확실한 잠재적 전망에 대한 개요를 즉시 받아보실 수 있습니다.

나아가 부동산 중개업자는 검색 프로필을 통해 원하는 매물에 대한 정확한 개념을 제시한 적절한 목표 집단에 부동산 문제를 포함한 제안을 즉시 보낼 수 있습니다.

이는 자신이 무엇을 원하는지 알고 있는 관계자들에게 연락하는 내용의 품질을 높입니다. 이로써 확인에 소요되는 시간을 줄여줍니다. 매물을 거래하기 위해 소요되는 총 마케팅 기간이 줄어듭니다.

관계 당사자들이 매물을 방문한 후 매매 또는 임차 계약서에 서명합니다.

8. 계산 예시(잠재)는 개인 거주 공간 및 주택에만 해당 (임대 아파트나 상업용 주택 불포함)

다음 예시는 부동산 매칭 포털의 잠재력을 보여줍니다.

묀헨글라드바흐와 같은 25 만 명 거주 상권은 가구 당 2 인으로 가정할 때 통계적으로 약 12 만 5 천 가구가 존재합니다. 평균 이사 비율은 10%입니다. 따라서, 매년 약 12,500 가구가 이사를 합니다. 묀헨글라드바흐에 이사를 오거나 떠나는 인구는 고려하지 않았습니다. 약 10,000 세대(80%)가 임대 주택에서 거주하고 2,500 세대(20%)가 자가 주택에서 거주합니다.

묀헨글라드바흐시 위원회 토지 시장 보고서에 따르면 2012 년 2,613 건의 매물 거래가 있었습니다. 이는 위의 매입 2,500 건을 확인해 주는 숫자입니다. 관계자들이 항상 원하는 매물을 찾을 수 있는 것은 아니므로 그 이상의 거래인이 존재할 수 있습니다. 실제 향후 전망은 평균 이사율인 약 10%에 달하는 25,000 건의 검색 프로필의 두 배에 달할 것으로 추정됩니다. 이는 다른 이유와 더불어, 잠재적인 고객이 부동산 매칭 포털에 복수의 프로필을 생성했을 수 있다는 점을 감안한 것입니다.

또한 모든 구매자와 세입자를 포함한 잠재적 구매자가 부동산 중개업자를 통해 매물을 찾으므로 총 6,250 가구가 됩니다.

최소한 모든 가구의 70%가 인터넷을 통해 부동산 포털에 접속하므로 17,500 건의 검색 프로필과 일치하는 총 8,750 가구가 됩니다.

뮌헨글라드바흐시와 같은 도시에서 모든 관계자의 30%인 3,750 가구(즉 검색 프로필 7,500 명)가 부동산 매칭 포털(앱, 애플리케이션)을 통해 게시하고, 연결된 부동산 중개업자는 매년 확실한 매입 희망자 검색 프로필 1,500 명(20%)과 임대 희망자 검색 프로필 6,000 명(80%)과 연락합니다.

이는 평균 검색 기간 10 개월 및 잠재적 고객의 각 검색 프로필 생성에 대한 제시 비용이 월 50 유로인 점에 기초하면, 인구 25 만 명이 거주하는 도시에서 7,500 건의 검색 프로필에

대한 총 잠재 이익은 375 만 유로가 됨을
의미합니다.

독일연방국에 따르면 총 인구는 약 80.000.000
(팔천만) 명입니다. 이에 기준으로 한 잠재
이익은 연간 12 억 유로입니다. 만일 모든
관계자의 30%가 아닌 40%가 부동산 매칭
포털을 통해 검색한다고 할 경우, 판매 기대
수익은 연간 16 억 유로까지 상승합니다.

이 잠재 이익은 오직 개인 아파트 및 주택에만
한정한 것입니다. 거주 부동산 부문의 임대, 또는
연간 매물과 전체 상업 부동산 부문은 이 잠재
이익의 계산에 포함되어 있지 않습니다.

만일 독일의 건설회사, 부동산 중개 및 기타
부동산 거래를 포함한 부동산 회사 약 5 만

업체에 약 20 만 명의 고용인 중 이들의 20%가 부동산 매칭 포털을 통해 평균 두 건의 라이센스를 사용할 경우, 제시를 위한 라이센스 당 연 300 유로의 요금을 통해 연간 7,200 만 유로의 잠재 수익을 기대할 수 있습니다. 추가로 검색 프로필에 대한 지역적인 예약을 생성해 설계에 따라 기대할 만한 잠재 이익이 창출되도록 해야합니다.

부동산 중개인은 정확한 검색 프로필을 갖춘 고객을 이용할 경우, 혹여 기존에 가지고 있던 데이터 베이스를 더 이상 업데이트하지 않아도 됩니다. 특히 현재 검색 프로필이 어느 부동산 중개인이 갖고 있는 데이터베이스의 양보다도 압도적으로 많기 때문에 더욱 그렇습니다.

이 혁신적인 부동산 매칭 포털은 여러 국가에서 사용할 수 있습니다. 예를 들어 독일의 잠재적인 매입자가 스페인 마요르카의 지중해 섬의 여름 별장을 찾기 위해 검색 프로필을 생성할 경우, 마요르카의 부동산 업자는 적절한 아파트를 독일의 잠재 고객에게 이메일로 소개할 수 있습니다. 전송된 제안서가 스페인어로 작성되었다면 오늘날 인터넷에 관심있는 이는 번역 툴을 이용해 해당 글을 독일어로 번역할 수 있습니다.

검색 프로필과 부동산 매물을 매칭하여 중개하는 과정은 매칭 특성을 프로그램된 수학적 특성에 맞추어 매칭하는 것으로,

언어와는 상관없이 부동산 매칭 포털에서
진행됩니다.

모든 대륙에서 부동산 매칭 포털을 활용할 때
앞서 언급한 잠재성에 기반할 때 아래와 같이
간단한 계산으로 예상 수익을 산출할 수
있습니다.

세계 인구:

75 억 명

1. 개발도상국 및 제 3 세계 인구:

20 억 명

2. 신흥국 인구:

40 억 명

3. 개발도상국 인구:

   15 억 명

공업국, 신흥국 및 개발도상국에 대한 다음과 같은 가정에 기반하여, 8 천만 명 당 독일 민주공화국의 연간 잠재 매출액이 12 억 유로에 달할 것으로 환산 및 추정되었습니다.

1. 공업국: 1,0

2. 신흥국: 0,4

3. 개발도상국: 0,1

따라서, 다음의 연간 잠재 매출액 (1.2 억 유로 x 인구 (공업·신흥·개발도상국)/8 천만 x 인자)

1. 공업국: 300 억 유로

2. 신흥국: 240 억 유로

3. 개발도상국: 25.5 억 유로

합계: 562.5 억 유로

9. 결론

이 부동산 매칭 포털은 재산 소유주(예상 구매자) 및 부동산 중개업자에게 상당한 이익을 약속해 줍니다.

1. 검색 정보에 대한 프로필을 처음 한 번만 생성함으로써, 예상 고객들은 적합한 부동산을 찾는 데 들이는 시간을 상당히 절약할 수 있습니다.

2. 부동상 중개업자들은 이미 확정된 수요(검색 정보 프로필)를 통해 전반적인 시장 전망 수치를 확인합니다.

3. (검색 정보 프로필에 따라) 관심 구매자는 부동산 중개업자로부터 희망하거나

적합한 부동산에 대한 정보만을 제공 받습니다. (자동 사전 선별과 같음)

4. 수많은 실시간 검색 정보 프로필이 영구적으로 제공되므로, 부동산 중개업자들이 검색 정보 프로필 별로 각각의 데이터베이스를 유지해야 할 필요가 없어집니다.

5. 업체 또는 부동산 중개업자만이 부동산 포털에 연결되어 있기 때문에, 예상 구매자들은 전문적이고 많은 경험을 지닌 부동산 중개업자들과 거래하게 됩니다.

6. 부동산 중개업자들의 쇼케이스 방문 횟수를 줄이고 매매 기간을 단축시켜 줍니다. 그와 비례하여, 예상 구매자가 방문해야 하는 쇼케이스의 횟수와 매매,

또는 임대 계약이 체결될 때까지
소요되는 시간 또한 줄어듭니다.

7. 매매, 또는 임대 부동산의 소유주 또한
시간을 절약할 수 있습니다. 나아가,
부동산의 임대 확률이 높아지고, 더욱
빠르게 임대, 또는 매매를 진행함으로써
부동산에 대한 계약금을 받게 되므로
금전적인 이익도 얻을 수 있습니다.

**이러한 부동산 중개에 대한 아이디어가 실현,
또는 실행된다면, 부동산 중개 시장은 엄청난
발전을 이룩할 수 있을 것입니다.**

10. 부동산 평가 기능이 있는 부동산 매칭 포털의 새로운 부동산 중개 소프트웨어로의 통합

마지막으로, 본문에서 설명된 부동산 매칭 포털은 새롭고 전세계에서 일반적으로 사용될 수 있는 부동산 중개 소프트웨어의 필수 요소가 될 가능성이 있거나 또는 그러한 요소가 되어야 합니다. 즉, 부동산 중개업자는 자신의 부동산 중개 소프트웨어에 부가적으로 부동산 매칭 포털을 사용하거나, 부동산 매칭 포털을 포함하는 새로운 부동산 중개 소프트웨어를 사용할 수 있습니다.

이처럼 효율적이고 혁신적인 부동산 매칭 포털과 고유의 부동산 중개 소프트웨어를 통합함으로써, 시장 침투에 필수적인 부동산 중개 소프트웨어의 근본적인 특징인 실시간 서비스가 구현될 것입니다.

부동산 중개 사업에서 부동산 평가는 매우 중요한 부분을 차지하므로, 부동산 중개 소프트웨어에 부동산 평가 도구가 통합되어야 합니다. 적절한 컴퓨터 프로그램을 이용한 부동산 평가로의 링크를 통해, 부동산 중개업자가 입력, 또는 생성한 부동산의 관련 데이터 및 파라미터에 접근할 수 있습니다. 필요한 경우, 부동산 중개업자는 자신의 지역의 시장 투명성을 이용하여 자신의 부족한 지역 파라미터를 충족시킬 수 있습니다.

또한, 부동산 중개 소프트웨어는 소위 가상 현실 부동산 쇼케이싱이라 불리우는 분야를 통합할 수 있어야 합니다. 예를 들어, 스마트폰과/또는 태블릿을 위한 통합형 가상 현실 부동산 쇼케이싱이 부동산 중개 소프트웨어에 적용된 후 부가적인 앱(애플리케이션)을 개발함으로써 더욱 간소화된 방식으로 실행될 수 있습니다.

이 효율적이고 혁신적인 부동산 매칭 포털이 새로운 부동산 중개 소프트웨어 및 부동산 평가에 통합된다면, 이를 통한 잠재 매출액이 또다시 상당량 증가할 것입니다.

Matthias Fiedler

크로센브로이히 2016 년 10 월 31 일

Matthias Fiedler

Erika-von-Brockdorff-Str. 19

41352 Korschenbroich

독일

www.matthiasfiedler.net

www.ingramcontent.com/pod-product-compliance
Lightning Source LLC
Chambersburg PA
CBHW071524210326
41597CB00018B/2892